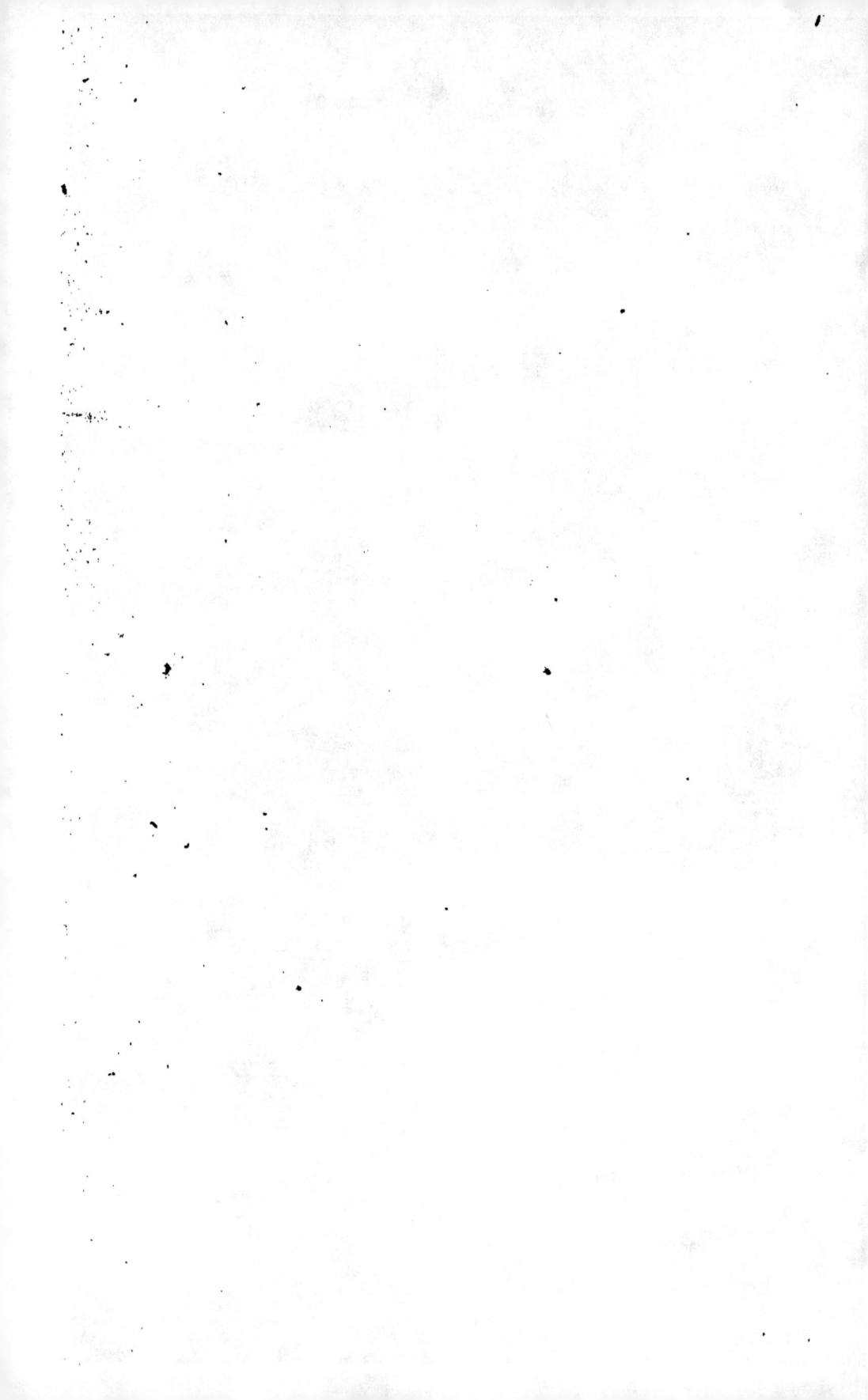

ART

DE RECONNAITRE LES MÉDAILLES FAUSSES

DES VRAIES ANTIQUES.

TYPOGRAPHIE ET LITHOGRAPHIE ARNAUD ET Ce,
Cannebière, 10, Marseille.

ART

DE RECONNAITRE LES MÉDAILLES FAUSSES

DES

VRAIES ANTIQUES

Et les divers moyens qu'emploient les faussaires
pour les contrefaire et les patiner;

SUIVI D'UN

CATALOGUE

de Médailles fausses frappées dans des coins anciens
et modernes ;

PAR A. PAGNON, NUMISMATISTE

MARSEILLE

V. BOY, LIBRAIRE-ÉDITEUR.

—

1857.

PRÉFACE.

———

Le but que je me propose en publiant
cette notice, n'est pas, comme on pourrait
bien le supposer, par désir de m'admettre
au nombre des auteurs en numismatique,
ni par orgueil de me croire supérieur à
mes devanciers, mais par celui d'éclair-
cir un point principal de la science qui,
jusqu'à ce jour, ne nous a été démontré
que d'une manière très-imparfaite, étant
cependant, pour l'étude des médailles,
de première nécessité.

1.

J'ai donc cru être utile aux amateurs de numismatique en leur soumettant toutes les ruses et supercheries employées par les faussaires tant anciens que modernes, pour contrefaire les médailles antiques, ainsi que les moyens infaillibles d'en faire la distinction.

Je donne aussi toutes les recettes dont se servent les faussaires pour patiner leurs pièces : héritage de mes longues études que je soumets à l'appréciation de tous les amateurs.

A. PAGNON.

ART

DE RECONNAITRE LES MÉDAILLES.

━━◦❈◦━━

Des Médailles Padouanes.

Tous les auteurs d'ouvrages de numismatique se sont trompés, lorsqu'ils ont prétendu
que les médailles antiques étaient plus lourdes
que celles dites Padouanes; ne pouvant pas
rencontrer de grands bronzes ou moyens
bronzes du même poids, il est impossible
d'établir un point de comparaison.

Je ferai observer que les Padouans, les
Quarterons et autres faussaires de cette épo-

que , ne se sont occupés à contrefaire que les
médailles des douze premiers empereurs Romains; divers auteurs ont cru pouvoir les reconnaitre comme fausses à cause de leur peu
d'épaisseur , sans se douter que les vraies
originales de ces douze premiers empereurs se
rencontrent ordinairement fort minces : voyez
Auguste, Tibère, Caligula, Claude, Galba , Vitellius et Domitien. On ne peut donc avoir recours à ce moyen pour en faire la distinction.

Selon moi , les seuls indices pour pouvoir
distinguer leurs contrefaçons des vraies antiques , sont : 1° leurs légendes qui se trouvent
toujours très-correctes, ce qui ne se rencontre
jamais dans les originales ; 2° leurs lettres qui
sont toujours droites et proportionnées, n'ayant
pu imiter cette négligence et cette irrégula-
rité que l'on remarque sur celles frappées par
les Romains ; 8° par leur conservation , qui se
trouve toujours fleur de coin , ce qui est très-
rare dans les vraies médailles de ces empereurs; et , enfin , par les rebords qui en sont
toujours lisses et arrondis, n'ayant pu pous-

ser leur art à imiter exactement le coin antique, se rencontrant généralement occidé ou
éclaté.

J'ajouterai, en terminant cet article, que
les médailles de ces faussaires ne sont jamais
patinées, malgré ce qu'en ont dit divers auteurs, et que celles que l'on rencontre patinées ne sont que des copies faites par des faussaires modernes, d'après les médailles padouanes, qui sont très-rares de nos jours.

Les médaillons et grands bronzes faux, frap-
pés, que l'on rencontre en cuivre rouge, ap-
partiennent à des faussaires autres que les
Padouans, et les Quarterons; leur exécution
n'en est pas aussi soignée.

Les traits des figures et des légendes, dans
les médailles moulées modernes, ne sont jamais aussi vifs que dans les antiques moulées
de l'époque : ils sont plus arrondis et plus
émoussés.

Médailles battues sur l'Antique.

On prend, pour cette opération, de vieilles
médailles que l'on refrappe dans des coins

modernes afin de leur donner de nouvelles empreintes. Ordinairement, les faussaires ne
prennent que celles qui n'ont pas beaucoup de
relief afin d'abréger leur réussite. Cette supercherie est très-difficile à reconnaitre ; cependant, si l'on fait bien attention à la médaille, on s'apercevra que le relief en est ou
trop fort ou trop faible, ce qui provient du
plus ou moins d'aplomb que l'on donne au
coin, ce qui fait que les médailles réussies
par ce procédé ne s'impriment jamais de par-
tout et imitent, en ce point, les vraies antiques. Voyez à ce sujet les médailles de billon
depuis Gordien, et principalement celles du
règne de Gallien, où l'on rencontre presque
toujours, dans les légendes, des lettres man-
quantes ou à moitié venues, quoique cet acci-
dent puisse arriver par d'autres motifs ; enfin,
celles de cette catégorie sont encore recon-
naissables en ce qu'elles sont toujours fort
rondes, et les légendes par trop correctes,
c'est toujours sur ce point que le faussaire
pêche.

Des Médailles ajustées.

La supercherie la plus difficile à reconnaître
est, sans contredit, celle qui consiste à limer
d'épaisseur deux médailles antiques de règnes
différents, comme, par exemple, un Antonin et
une Faustine, et faire, par ce moyen, de deux
têtes communes une médaille excessivement
rare. On conçoit d'avance toute l'impossibilité
qu'il y a à découvrir pareille fraude, surtout
quand on n'a plus que le rebord de la médaille
pour toute ressource.

Quand on soupçonne une médaille comme
telle, on doit : 1° s'assurer si elle est ajus-
tée au moyen de mastic ou si elle est sou-
dée ; dans ce dernier cas, on observera que
la soudure ne peut jamais être de même couleur ni de même métal que la médaille tron-
quée ; que les rebords des deux médailles
appliquées ne peuvent, en aucun cas, se rap-
porter d'une manière exacte à cause des acci-
dents bizarres que les médailles antiques
possèdent, qu'elle a dû, par conséquent, être

arrrondie à l'aide de la lime, puis accidentée
sur le rebord avec l'instrument dont il est fait
mention plus loin (*) ; et, enfin , patinée par-
tiellement ou entièrement pour déjouer l'amateur.

Toutes ces supercheries se reconnaissent,
si l'on veut bien considérer qu'il est très-rare
de rencontrer deux médailles de même fabrique , et surtout de même cuivre : ce qui con-
tribue beaucoup à faire connaître les piéges du
faussaire ; car, sans s'inquiéter de ce que je
viens de dire, ce qui est cependant très-im-
portant, le falsificateur ne s'amuse pas trop à
obvier à ces abus, à moins qu'il ne soit parfaitement entendu dans la connaissance de cette
science; mais agissant sans expérience, il arrive
très-souvent qu'il se condamne lui-même.
Ainsi, tantôt ce sont des légendes qui n'existent
pas dans les médailles de certains empereurs
et que le faussaire a cru devoir leur supposer.
Tantôt ce sont des médaillons sur lesquels
on rencontre S. C. ce qui n'existe nullement

(*) Voyez page 20.

dans les vrais (exceptant toutefois ceux du
règne de Trajan-Dèce) ; bien souvent, ce sont
des médailles ajustées dont un côté est en
cuivre jaune, tandis que l'autre sera en cuivre
rouge. Une médaille, comme telle, ne peut
jamais se patiner de même nuance par la
raison du degré différent d'oxidation qui
existe entre les deux cuivres.

J'ai des preuves convaincantes que, plus
une médaille antique est oxidée, plus elle est
sujette à prendre la patine qu'on veut lui donner. On peut s'en assurer en faisant usage du
procédé indiqué plus loin sous le N° 3.

Divers auteurs disent que la fausse patine
est tendre et se pique aisément. Avec les
procédés que j'indique plus loin sous les N°⁰ 4
et 5, on fait de la patine dans le cuivre, par
conséquent sans épaisseur, ce qui annule un des
moyens de reconnaître une médaille fausse.

Je n'engagerai donc jamais l'amateur à rejeter
une médaille parce qu'elle serait nouvellement
patinée, ou qu'il croirait recouverte d'une
fausse patine. Bon nombre d'entre eux s'amu-

2

sent à patiner celles de leurs médailliers qui se trouvent nettes, c'est-à-dire couleur primitive du cuivre.

On rencontre aussi beaucoup de médailles dont les rebords sont limés et qui sont très-authentiques. J'en possède une bien curieuse, dont le jet est encore adhérent à la médaille, et qui, par conséquent, n'a pas passé sous le coin, car il est bien reconnu que les médailles romaines ont été, de prime-abord, fondues, puis déposées dans les coins afin de leur faire prendre les empreintes plus saillantes et plus nettes. Celles qui nous sont parvenues et qui nous semblent être fondues, sont celles qui ont échappé à la pression du mouton et du marteau.

Je serais même tenté de croire qu'elles n'y passaient plus du tout sous le règne de Posthume, ou qu'il existait alors une autre préparation dans l'art de frapper la monnaie. Voyez les médailles de son règne qui sont, en général toutes fondues et non frappées (à l'exception de quelques-unes).

Les Médailles moyen bronze de Plautille sont également de ce genre.

On peut facilement reconnaître les contrefaçons de Becker par l'épaisseur de ses médailles qui diffèrent au moins d'un quart en plus des vraies antiques, surtout dans les romaines et françaises, et par l'aspect de l'argent qui est toujours d'un blanc mat.

Ses médailles d'or pèchent par les mêmes défauts. Je ne connais de ce faussaire que des médailles d'or et d'argent.

Quelques antiquaires ont avancé qu'une médaille dont les rebords ont éclaté doit être positivement frappée et considérée comme authentique : c'est une erreur. Une médaille moulée au sable et qui serait coulée avant que le moule soit entièrement sec, serait sujette non-seulement à se retirer et à se boursoufler, mais encore à se fendre, et la plupart des médailles du célèbre faussaire moderne Becker, qui se trouvent frappées, sont fendues et éclatées par la force du coin, ce qui n'existe pas sur celles appelées Padouanes.

Une médaille rare , jugée de prime abord
vraie et qui posséderait des fentes prétendues produites par la force du coin, doit
être examinée avec attention. Si ces éclats
ne sont pas terminés par certains filaments
imperceptibles qui se rencontrent toujours
sur une vraie, du même genre, c'est une
preuve que ces éclats sont apocryphes, alors
la médaille doit être considérée comme fausse.
Les éclats produits par artifice ne sont jamais francs, et leurs coupures sont toujours
nettes vers l'extrémité du rebord de la médaille, tandis que dans les vraies antiques,
les fentes ou éclats sont toujours oxidés en
dedans et accidentés jusqu'à leurs fins.

On connaît de Becker quantité de médailles
grecques, la collection complète des Empereurs romains, Impératrices, Césars, Tyrans
et quelques monnaies françaises, toutes d'une
exécution vraiment remarquable.

Des Médailles prétendues du même coin,

Il est impossible, malgré ce qu'en ont dit

plusieurs auteurs, de rencontrer deux médailles antiques du même coin.

On en trouve de très-ressemblantes et qu'on jugerait conformes au premier coup-d'œil, mais qui, vues avec attention, laissent apercevoir de grandes différences, soit dans le rapprochement ou l'éloignement des jambages des lettres, soit dans les traits de la tête, etc.

Dès qu'on rencontre deux médailles paraissant conformes au même coin, on doit les considérer comme non authentiques. Cependant, il peut se faire que l'on ait sous les yeux une médaille originale et un surmoulé de la même pièce. Si vos connaissances ne vous dictaient pas quelle est la bonne, vous auriez recours à la balance, la plus lourde serait l'originale. Pour deux médailles paraissant du même coin, c'est un moyen infaillible de reconnaître l'authentique; lorsqu'elles sont de même poids, elles sont fausses toutes deux.

Des Médailles fourrées.

Jusqu'à présent la plupart des antiquaires ont regardé comme de toute impossibilité l'art

2.

de contrefaire les médailles fourrées, et que celles qui l'étaient devaient être considérées indubitablement antiques. Sans entrer dans de trop longs détails, je ferai observer qu'il est un fait prouvé, que divers faussaires, de nos jours ont trouvé ce secret si longtemps recherché, entre autres M. X, de Marseille, qui m'a remis plusieurs de ces contrefaçons, que j'ai trouvé poussées au superlatif, et qu'il m'eût peut-être été impossible de juger comme tel, s'il ne m'eût convaincu de la réalité séance tenante, en m'en coupant une, en deux. Je possède, en outre, dans mon médailler un écu d'or de Charles V, roi de France : cette monnaie peut être considérée comme le *nec plus ultra* de l'art du faussaire.

Qu'on se figure une monnaie mince comme du papier, dont l'intérieur est en cuivre, puis bractée d'une feuille d'or (car cette monnaie est frappée), et on aura l'exacte ressemblance de mon exemplaire, qui a toujours passé pour vrai à la vue des amateurs qui l'ont examiné et qui restaient ébahis, lorsque je leur en montrais la supercherie.

Le savant père Jobert, dans son excellent ouvrage sur la *Science des médailles*, fait mention, à la page 346, que, dans le bas-empire on prit le parti de faire les médailles d'or et d'argent plus minces, afin qu'il fût impossible de pouvoir les fourrer. J'avoue, que cela devait être alors plus difficile pour le faussaire, car plus une médaille est mince, plus elle est sujette à ne pas réussir (quand on la coule), et si l'on ne rencontre que très-peu de petits bronzes faux, cela ne provient uniquement que de la difficulté que le faussaire éprouve, ne pouvant donner qu'un faible retranchement à la médaille, pour y faire parvenir la matière :

Cependant, je possède plusieurs petits bronzes de minime épaisseur, et d'une réussite remarquable, mais opérés d'après le système de moulage que j'indique plus loin.

J'ai également plusieurs médailles et monnaies du bas-empire et de la première race, en or et argent, fourrées, entre autres une monnaie or de Bozon, qui sort, à ce que je crois, de la collection de M. Fière, de Tournon (Ardèche), vendue, il y a quelques années, à Lyon.

Moyen de reconnaître une médaille four-rée de nos jours.

Assurez-vous de la couleur de son cuivre, s'il est jaune mat, c'est un signe certain que c'est l'œuvre d'un faussaire moderne ; les anciennes que l'on rencontre fourrées sont toutes garnies en cuivre rouge ou en fer.

Des Médailles moulées.

Le métal fondu se raréfie ; étant battu, il se condense, se resserre et devient par consé-quent plus pesant. Lorsqu'une médaille a été moulée, il restetoujours la marque du jet, qui ne peut bien s'effacer qu'en diminuant une certaine épaisseur tout autour de la médaille, ce qui fait que celle qui a été coulée ne peut jamais avoir le rebord d'une véritable antique.

Pour imiter le rebord antique, le faus-saire se sert ordinairement ou d'une râpe à bois ou d'un gros clou oxidé, soit par com-binaisons chimiques, soit par le temps. Ce dernier mode est infiniment supérieur au premier, en ce sens que le cloux oxidé imprime des crevasses et inégalités de toutes formes, tandis que la râpe à bois imprime toujours la même bigarrure.

Un autre procédé, non moins efficace, est celui qui consiste à recouvrir le rebord de la médaille qu'on veut restaurer, avec de la cire jaune, que l'on picote tout au tour à l'aide d'un gratte-brosse, on verse de l'acide nitrique dans ces picotures, et on obtient un rebord rongé d'inégales formes.

Le père Jobert, dans son tome 1ᵉʳ de la *Science des Médailles*, page 435, dit avoir connu à Paris, un étranger très-habile dans l'art de mouler les médailles antiques, possédant le secret de faire des moules d'une composition qui rendait les médailles si nettes et si dépouillées, qu'il était impossible de les distinguer des originales. Il est à regretter que cet étranger ne nous ait pas fait connaître sa recette, que je crois bonne d'après les renseignements : on aurait pu se rendre compte du fait. Quoiqu'il en soit de son système, le meilleur moyen pour mouler une médaille, c'est de se

servir de cendres de sarment, au lieu du sable
de Paris, comme le font généralement les fondeurs ; de délayer cette cendre avec de la bière,
quelques gouttes suffisent pour l'opération d'un
moule ; on sapoudre la médaille avec cette
substance ainsi préparée, puis on rembourre le
moule avec du gros sable, comme il est d'usage.
On n'a pas besoin de battre le moule plusieurs
fois, la médaille se détachant d'elle-même à la
première frappe. On évite aussi par ce système
les arrachures, inévitables avec les autres
procédés de mouler.

Au moment où l'on s'apprête à couler, on
doit avoir soin de flamber le moule bien légèrement, à l'aide d'une lampe à huile, et non
pas avec une torche, comme on le fait ordinairement.

On obtient, par ce système de moulage,
des épreuves nettes et dépouillées, qui ap-
prochent de beaucoup celles produites par le
galvanisme.

On doit toujours faire passer le moule à
l'étuve. Cette recette est totalement inconnue

aux fondeurs : elle fut dévoilée en pleine
cour d'assises , par un faussaire , condamné ,
il y a quelques années , par la Cour de Paris.

Des Médailles de plomb.

C'est à tort que beaucoup d'antiquaires
regardent, comme suspectes, les médailles de
plomb. Elles ont parfaitement eu cours et
furent mises en usage à diverses reprises. Il en
existe de grecques , de romaines , de byzan-
tines , de toutes grandeurs, qui sont indubita-
bles. Indépendamment du célèbre Mionnet, qu
en indique plusieurs dans son ouvage, je possède un Pertinax plomb , frappé dans un coin
de Gr. Br. , et un médaillon de Maurice Tib.
dont l'authenticité est incontestable. Je connais
également beaucoup de Tesseres de ce métal ;
elles furent trouvées lors de la démolition du
vieux Pont-de-Pierre, à Lyon.

On reconnaît les médailles de plomb antiques
par une croûte terreuse, blanchâtre ou jau-
nâtre, lisse, qui s'y rencontre presque toujours,
et par les rebords qui sont toujours raboteux
et accidentés.

Les fausses se reconnaissent : 1° par les rebords qui ne peuvent être imités qu'à l'aide de l'outil dont j'ai déjà parlé, 2° par le plomb, qui aura toujours l'apparence du neuf si on a soin de le piquer.

Des Médailles Contorniates.

Les médailles Contorniates, que beaucoup d'amateurs pourraient suspecter, soit par leur apparence, soit par leur genre de fabrication, sont cependant celles qui peuvent, à coup sûr, se prendre les yeux fermés. En voici les motifs :

1° Quand un faussaire veut contrefaire une médaille, il prend ordinairement un bel exemplaire, possédant beaucoup de relief, afin d'avoir un beau surmoulé.

2° Je ne sache pas qu'on se soit occupé de contrefaire ce genre de médaille ; pour mon compte, je n'en ai jamais vu, et j'en suis fort peu étonné, car je sais parfaitement qu'une médaille contorniate qui aurait été coulée, serait impitoyable de réussite, à cause du peu de relief que l'original possède de lui-même.

Voilà les deux causes qui ont déterminé les faussaires à s'en détourner.

Des Médailles galvanisées.

Les médailles reproduites par le galvanisme, se reconnaissent par l'absence presque totale du son ; cela provient de la soudure qui ne peut jamais garnir l'intérieur de la médaille d'une manière bien complète.

C'est le seul indice que je puisse donner ; il est infaillible pour les médailles et monnaies françaises.

Voilà quelles sont les ruses et supercheries employées par les faussaires anciens et modernes.

Les divers procédés que les faussaires emploient pour empêcher d'apercevoir, dans le champ de la médaille, les enfonçures que les grains de sable y laissent toujours par leur inégalité qui est inévitable, se résument aux suivants :

3

N. 1.

Pour faire la patine noire.

On prend de la craie que l'on délaie dans de
l'urine, avec une prise de noir de fumée.

Autre procédé.

Flambez tout simplement votre médaille avec
un morceau de papier gris, ou avec une allu-
mette que vous tenez au-dessous de votre
médaille, seulement pendant que le soufre
brûle. Ce dernier mode est excellent.

N. 2.

Pour la Patine verdâtre tirant sur le bleu.

Prenez : 10 c. acide muriatique ou de
l'acide acétique.

N. 3.

Pour la Patine verte.

Prenez : 1/2 litre vinaigre blanc,
10 c. sel amoniac pulvérisé, que
vous mettez dans le vinaigre ; aussitôt mélan-
gé, on peut commencer l'opération.

Avec ce procédé, et suivant le nombre de

couches que vous passerez, vous obtiendrez les nuances de vert que vous désirerez; seulement, on doit toujours laisser sécher la médaille avant d'y remettre une autre couche.

Comme la température est pour beaucoup dans la réussite des patines, il arrive parfois que la médaille ne se patine pas d'égale nuance sur sa superficie ; pour obvier à cet inconvénient, il faut tremper vivement la médaille dans l'eau en la tenant avec le pouce et l'index par le rebord. Secouez-la pour la faire égoutter, puis laissez-la sécher (ne la posez jamais à plat), vous verrez instantanément votre médaille se recouvrir de la plus belle patine verte qu'on puisse rencontrer ; dès que la médaille est sèche vous la brossez légèrement.

N. 4.

Autre Patine verte.

On obtient encore une belle patine verte foncée par l'emploi suivant :

Acide hydro-chlorique 10 c., dans lequel vous mettez du nitrate d'argent.

N. 5.

Autre procédé.

Passez sur la médaille que vous désirez patiner, une couche du procédé N° 3, gâchez du
plâtre et jetez-le sur la médaille ainsi préparée, de façon qu'elle en soit entièrement recouverte des deux côtés, lorsque le plâtre sera
sec, cassez-le pour en retirer la médaille,
vous trouverez une belle patine verte dans le
cuivre, et ne formant par conséquent aucune
épaisseur.

N. 6.

Pour la Patine rougeâtre.

Faites rougir lentement sur une plaque de
tôle, la médaille que vous voulez préparer,
laissez-la refroidir, et puis passez une couche
du procédé indiqué au N° 8.

Divers antiquaires, ont prétendu, reconnaître une médaille fausse par la patine, qu'ils sup-
posent ne pouvoir obtenir le brillant d'une
vraie antique. C'est une erreur dont voici la
preuve :

Râclez une bougie de manière à en former
de petits copeaux, faites adhérer de ces copeaux sur une brosse à dent et puis brossez
votre médaille patinée, vous aurez un brillant
magnifique.

N. 7.

Pour rendre une Médaille de plomb, couleur cuivre rouge.

Prenez : Vinaigre, 1/4 de litre.

Quelques gouttes acide nitrique.

    »   » sulfurique.

    ·   » hydro-chlorique.

Laissez seulement quelques secondes votre
médaille dans cette composition et vous aurez
l'effet.

N. 8.

Pour patiner les Médailles de plomb.

Trempez-les dans l'huile de vitriol, l'espace
de 5 minutes, laissez-les sécher et brossez
légèrement.

N. 9.

Pour bronzer les Médailles de plomb.

Prenez : Huile de vitriol, 125 grammes, san-

3.

guines, 10 c., faites dissoudre dans cette composition des vieux clous rouillés, passez-en une couche sur la médaille et brossez de suite, mais bien légèrement.

Si la composition ne suffisait pas, vous ajouteriez du fiel de bœuf.

N. 10.

Pour patiner les Médailles d'argent.

Vous prenez de l'eau de javelle et vous laissez tremper vos médailles, l'espace de 12 h.

N. 11.

Le soufre et la poudre font encore bon effet sur les médailles d'argent. Vous les recouvrez de l'une ou l'autre de ces substances. L'iode sulfureux est également très-efficace.

N. 12.

Pour nettoyer les Médailles de cuivre ou d'argent.

Vous faites chauffer la médaille sur une feuille de tôle; lorsqu'elle est suffisamment chaude, vous la plongez dans un vase d'eau dans lequel vous mettrez quelques gouttes d'huile de vitriol.

Avec ce procédé on est toujours sûr de ne jamais abîmer sa médaille. Si la première opération ne suffisait pas, on recommencerait jusqu'à entière réussite.

Beaucoup d'amateurs ne consultant que leurs idées, s'imaginent de nettoyer leurs médailles, soit en les plongeant dans l'acide nitrique, soit en les faisant rougir. Ces deux méthodes sont très-dangereuses ; et surtout la dernière qui perd entièrement la médaille, à cause des boursoufflures que l'échappement de l'étain y fait naître.

N. 13.

Pour les médailles d'argent qui n'auraient que des légers ingrédients, on peut se servir d'acide hydro-chlorique, de jus de citron, d'esprit de vin, de sel ammoniaque, d'alcali volatil.

Toutes ces recettes sont bonnes et n'endommage nullement les médailles.

Pour les médailles d'or, même système.

N. 14.

Pour les Médailles de cuivre encroûtées.

Plongez-les dans l'huile d'olive, l'espace de 8 jours.

N. 15.

Pour ressaucer les petits bronzes.

Prenez : 10 c. lie de vin.

10 c. crème de tartre que vous mettez dans 1/2 litre d'eau.

Enveloppez vos petits bronzes dans des feuilles ou copeaux d'étain ; faites bouillir le tout, l'espace de 1/2 h., et l'opération sera faite.

N. 16.

Pour nettoyer les Médailles de billon,

Prenez : Vinaigre blanc et ajoutez quelques gouttes huile de vitriol ; laissez les médailles l'espace de 10 minutes, et brossez-les avec une brosse à dents : continuez jusqu'à entière réussite.

N. 17.

Procédés pour mouler les Médailles , etc.

Pour avoir une belle empreinte, lorsqu'on moule avec du plâtre, on ne doit jamais huiler la médaille, des expériences sérieuses m'ont

démontré que l'empreinte se détachait plus
nette en opérant ainsi. J'observerai à ce sujet,
que le plâtre ne doit être versé sur la Médaille
que lorsqu'il commence à prendre un peu de
consistance; on se sert pour mouler de sul-
fate de plâtre.

N. 18.

Quand on veut mouler avec le métal d'Ar-
cey, on doit avoir soin :

1° De faire, avec une feuille de papier, une
espèce de couvercle afin d'empêcher la matière
de s'échapper.

2° De couler la composition, à un pied de
hauteur afin que la matière s'étende également. Vous obtenez par ce mode des empreintes fort minces, et tout le contraire en coulant
de près.

3° Ayez soin d'appliquer instantanément la
médaille sur la matière, car elle est sujette à
un prompt refroidissement. En observant ces
détails, on aura, soit en creux, soit en relief,
des empreintes aussi nettes et aussi lisses que
les médailles mêmes.

CATALOGUE

**Des Médailles argent et or,
grands, moyens et petits bronzes,
sortant de coins anciens ou modernes,
dont on doit se méfier.**

———

Décussis. — Tête de Pallas; X. ʀ. p. Roue de Navire; X., surmoulés modernes.

FAMILLES CONSULAIRES.

Antia. — Restio; autel allumé. R. C. Antius, tête de bœuf de face. Mod. ord. arg. de coin ancien.

Antonia. — Leg. I. Aigle entre deux enseignes. ʀ. Ant. Aug. III. Vir. r. p. c. Galère, arg. et or. Coins anciens.

Coelia. On connaît un coin moderne qui a servi pour l'or.

Considia. — On connaît un coin moderne qui a servi pour l'or.

Cornelia. — On a publié une médaille d'or, mais elle est moulée sur l'argent.

Cornuficia. — Tête d'Amnon à gauche. ℞. *Q. Cornufici. Augur imp.* Coin mod. qui a servi pour l'or.

Fabricia. — On connaît un coin ancien qui a servi pour l'or.

Fufia. En or, médaille fausse, moulée sur un denier argent.

Furia. — En or, médaille fausse dont le coin est ancien.

Horatia. — Coclès tête ailée de Pallas; derrière X. ℞. Dioscures à cheval; dessous *Roma.* arg. de C. M.

Mucia. — On connaît un coin moderne mod. du quinaire, qui a servi pour l'or.

Nasidia. — On connaît un coin moderne qui a servi pour l'or.

Sempronia. — On connaît un coin moderne qui a servi pour l'or.

Servilia. — Tête ailée de Pallas; derrière, X. et une couronne, dessous : *Roma.* ℞. *C. Servili*, m. f. Castor et Pollux à cheval allant en sens inverse. Or de coin ancien.

Silia. — On connaît plusieurs coins mod. qui ont servi pour l'or.

Statia. — Tête de Neptune avec le Trident. ʀ. *Murcus imp..* On connaît, de ce revers un coin moderne qui a servi pour l'argent.

EMPEREURS ROMAINS.

Jules-César. — *C. L. Cæsares, princ. juvent. Caius et Lucius* à cheval (or) surmoulés modernes.

Jules-César. — *L. Mussidius Longus.* Globe, gouvernail, corne d'abondance, caducée et apex ; or de coin ancien.

Jules-César. — *Cæsar di Vesp. restituit.* Tête de Jules César. ʀ. *Q. Voconius Vitulus,* Veau or, surmoulés modernes.

Jules-César. — *Divus Julius,* tête de Jules-César ; au revers, une comète sans légende. On connaît de ce revers un coin ancien qui a servi pour l'or et plusieurs surmoulés modernes.

Sextus Pompeius. — On connaît plusieurs

coins modernes qui ont servi pour l'or.

Sextus Pompeius. *Neptuni.* Tête nue de Sextus
Pompée sur un dauphin ; devant, le Li-
tuus et un trident. ʀ. *Q. Nasidiu.* Galère à la voile et une étoile ; or de coin
ancien.

Sextus Pompeius. — *Mag. pius. imp. iter.*
Tête nue de Sextus-Pompée dans une
couronne de chêne. ʀ. *Praef. clas. et
orœ. Marit, eœ, s. c.* Têtes nues et affrontées de Pompée et de Cneus son
fils. (Plusieurs variétés de ce revers).
Or de coins modernes.

Marcus-Junius-Brutus. — *Brut. Imp. l.
plœt.* Tête de Marcus-Brutus. ʀ. Eid.
mar., bonnet de la Liberté entre deux
poignards. Il existe, de ce revers,
plusieurs coins mod. qui ont servi pour
l'argent.

Marcus Junius Brutus. — Tête de Brutus
sans légende. ʀ. Bonnet de la Liberté
entre deux poignards. Coin de mauvaise
fabrique qui a servi pour le petit bronze.

4

Marcus Junius Brutus. — Tête de Brutus. Légende barbare à rebours. ʀ. Bonnet de la Liberté entre deux poignards. Il existe plusieurs coins de ce genre qui ont servi pour l'or et l'argent. Les médailles sortant de ces coins ont les rebords tous éclatés. L'atelier était, dit-on, dans le Dauphiné.

M. Antoine. — *M. Antonius III Vir., r. p. c.* ʀ. Tête de Cléopâtre. Or de coin ancien. J'en connais aussi de moulées modernes également en or.

M. Agrippa. — *M. Agrippa, cos. ter. Cossus. Lentulus.* Tête d'Agrippa avec la couronne murale et rostrale. ʀ. *Augustus, Cos. XI.* Tête laurée d'Auguste. Or de coin ancien. J'en ai vu de moulées sur celles de ce coin, en or et en argent.

Antonia. — *Antonia Augusta,* sa tête à droite. ʀ. *Constantiæ Augusti.* Argent de coin mod. Il en existe beaucoup de ce métal et de ce revers.

Agrippina Senior. — *S. P. Q.* ʀ. *Memoriæ*

Agrippinae Carpentum. Médaillon bronze de coin. mod.

Claudia.
Orestilla.
Paulina.
} Les médailles qu'on a attribuées à ces trois premières femmes de Caligula sont toutes des médailles fausses de coins modernes.

Cœsonia. — Les médailles de cette impératrice sont fausses.

Drusilla. — Celles de cette princesse sont également de coins modernes.

Livilla. — On ne connaît point de médailles latines authentiques de cette princesse.

Claude. — *Ti Claudius*, etc. ʀ. *Aquæ Claudiæ*. Gr. br. de coin mod.

Claude. — *Spes Publica*. De ce revers, il existe quantité de surmoulés modernes.

Messalina. — On ne connaît point de médailles latines authentiques de cette princesse.

Agrippina Junior. — Il existe un médaillon d'argent, frappé dans un coin ancien, offrant la tête voilée d'Agrippine.

Clodius Macer. — *L. Clodi. maeri libera, s.
c.* Tête de l'Afrique. ℞. *Lib. Aug. leg.
III.* Aigle romain entre deux enseignes
militaires. Beaucoup de petits bronzes
moulés sur des pièces d'argent.

Othon. — On connaît de cet empereur plusieurs
coins modernes qui ont servi pour le
grand br.

A ce sujet, j'observerai qu'on en connaît
plusieurs exemplaires dont l'authenticité
est incontestable, entr'autres celui de
M. X***, de Lyon.

Othon. — *Imp. Otho. cæs.* ℞. *Victoria Othonis.*
Coin moderne qui a servi pour l'or et
l'argent.

Othon. — *Imp. cæs. Aug.*, etc. ℞. *Securitas, r.
p.* Gr. br., coin moderne.

Matidie. — Il existe un médaillon de bronze
portant, au revers, la légende : *Divæ-
Matidiæ, Socrui.* Miounet le donne comme
suspect.

Adrien. — *Divo Trajano, patri Aug.* Tête de
Trajan. Coin ancien qui a servi pour
l'argent.

Annius Verus. *Commodus cæs Antonini Aug. fil.* ɪ. *Annius Verus cæs. Antonini Aug. fil.* Petit médaillon br. Je connais beaucoup de surmoulés de ce médaillon ; ils sont tous de mauvaise réussite.

Galère Antonin. — Légende grecque. Tête de Galère Antonin ; au revers , celle de Faustine la mère. Il existe beaucoup de moy. br. coulés sur un exemplaire antique de bonne conservation.

Pertinax. — *Imp. cæs. p helu pert. Aug.* ɪ. *Opi .divin. trp. Cos. II.* Femme assise tenant des épis. Coin mod. qui a servi pour l'or et l'arg.

Pertinax. — *Tiberis, p. m. trp. Cos. II.* Le Tibre couché. Coin mod. qui a également servi pour l'or et l'arg.

Pertinax. — *Divus pert. pius.* Tête nue à droite. ɪ. *Consecratio.* Bûcher. Coin de gr. br. mod. Il en existe beaucoup de surmoulés de ce revers.

Did-Julien. — *Imp. cæs. m. Did. sev. Julian. Aug.* ɪ. *Fides exercit.* Coin ancien qui a servi pour l'argent.   4.

Did-Julien. — Il existe plusieurs médaillons cuivre rouge de coins mod. portant au revers, S. C.

Pescennius Niger. Toutes les médailles d'or de Pescennius Niger sont fausses.

Albin. — *Imp. d. Clod. Albin. Aug.* ʀ. *Seculo fecundo.* Femme debout. Coin ancien qui a servi pour l'or et l'argent, et dont il existe beaucoup de surmoulés dans ces deux métaux.

Macrin. — Il existe beaucoup de petits br. moulés sur des exemplaires d'argent.

Macrin. — *Imp. M. Opel. sev. Macrinus. Aug.* ʀ. *Adlocutio.* L'empereur haranguant ses soldats. Médaillon br. de coin ancien.

Elagabale. — Sa tête au revers de Julia Paula. Médaille d'argent d'un coin ancien.

Elagabale. — En or au revers d'Annia Faustina. Coin mod.

Elagabale. — En or au revers d'Acquilla Severa. Coin mod.

Elagabale. — En or au revers de Maesa. Coin

ancien qui a servi pour l'or et l'argent.

Annia Faustina. — En or, mod. ord. On connaît un coin ancien qui porte, au revers, la tête d'Elagabale.

Annia Faustina. — En moy. br., plusieurs coins mod., portant au revers : *Concordia Aug.*

Annia Faustina. — En gr. br., plusieurs coins mod., portant au revers : *Concordia Aug.*, et beaucoup de surmoulés faits sur des coins modernes et des vraies antiques.

Sev. Alexandre. — En or, mod. ord. au revers : de *Julia Mamée.* Il y a un coin moderne.

Sev. Alexandre. — En or quinaire, au revers : d'*Orbiana.* Il y a un coin moderne fait en Allemagne.

Sev. Alexandre. — *Imp. Sev. Alex. Sall. Barbia. Orbiana. Augusti.* Têtes affrontées de Sev. Alexandre et d'Orbiana, l'une laurée et l'autre diademée. ℞. *Concordia Augustorum.* L'empereur et l'impératrice

debout se donnant la main. Médaillon
de br. dont il existe un coin mod.

Sev. Alexandre. — Au revers : de *Julia Mamée*. Médaillon br. dont il existe un coin
moderne.

Sev. Alexandre. — Sévère Alexandre, sa tête
à droite. ʀ. *Pontif. Max. trp. V. Cos. II.
pp.* Termes de Sévère Alexandre. On
connaît plusieurs coins anciens et mod.
de ce médaillon de br.

Uranius Antoninus. — On connaît un coin
ancien de ce tyran ; la fabrique en est
grossière ; il a servi pour l'or et l'argent.

Paulina. — En or, mod. ord. Coin mod. fait
en Allemagne.

Paulina. — *Diva Paulina.* ʀ. *Consecratio.* Paon
éployé.

Paulina. — *Diva Paulina.* ʀ. *Consecratio.* L'impératrice enlevée au ciel par un paon.
On connaît, de ce revers, plusieurs
coins anciens et mod. qui ont servi pour
l'or et l'argent.

Maxime. — En or, mod. ord. On connait plusieurs coins mod. qui ont servi pour l'or et pour l'argent.

Gordien d'Afrique, père. — En or, coin moderne.

Gordien d'Afrique, père. — *Concordia. Aug.* On connait, de ce revers, plusieurs coins mod. qui ont servi pour l'or et pour l'argent.

Gordien d'Afrique, père. — *Gloria exercitus.* On connait, de ce revers; plusieurs coins mod. qui ont servi pour l'or et pour l'argent.

Gordien d'Afrique, fils. — On connait un coin mod. qui porte, au revers, la légende : *Concordia Aug.* Il n'a servi que pour l'argent.

Gordien d'Afrique, fils. — *Liberalitas Augustorum.* On connait, de ce revers, un coin ancien ; il a servi pour le gr. br.

Balbin. — En or, module ord. On connait plusieurs coins mod.

Balbin. — *Fides militum.* On connait un coin mod. ; il a servi pour le gr. br.

Tranquilline.— En moy. br. On connaît plusieurs coins anciens et modernes qui portent aux revers la légende : *Concordia Augustorum.*

Tranquilline.—En grands bronzes il y a beaucoup de surmoulés, faits sur des vraies antiques ; ils portent aux revers *Concordia Augustorum.*

Tranquilline.— On connaît aussi de ce revers plusieurs coins modernes de gr. br.

Tranquilline.—En or mod. ord. avec sa tête d'un côté et celle de Gordien III au revers. Coin mod. fait en Allemagne.

Otacilie Sévère.— *Marcia Otacil Sevéra Aug.* Tête d'Otacilie à droite, ʀ. *Pietas Augustorum,* têtes affrontées des deux Philippe, l'une laurée et l'autre nue. Il y a des coins anciens et mod. de ce médaillon de br.

Otacilie Sévère. — En or mod. ord. Il y a un coin mod. qui porte au revers la légende : *Sæculares Aug. cippe.*

Trajan-Déce.—On connaît un coin mod. qui a

servi pour l'or. Il porte au revers : *Ge-nius exerc. Illyriciani.*

Trajan-Dèce.—*Fides militum.* Il existe un coin anc. de médaillon bronze et beaucoup de surmoulés fait sur des vraies antiques.

Hostilien.— On connaît plusieurs coins mod. portant pour revers : *principi juventutis*; ils ont servi pour l'or.

Trebonien. — Il y a un coin moderne du revers : *Virtus Augg.* Il a servi pour l'or.

Volusien. On connaît un coin moderne du revers : *Eternitas Augg.* Il a servi pour l'or.

Emilien. — Il existe plusieurs coins anc. et mod. du revers : *Appollo conservat.* Ils ont servi pour l'or et pour l'argent.

Emilien.— *Eternitas Augg. Roma eternœ. Spes publica. Votis Desceunalibus.* On connaît beaucoup de surmoulés gr. br. de ces R.

Cornelia supera. — On connaît plusieurs coins modernes qui ont servi pour l'or et l'argent.

Cornelia supera.— J'ai vu de cette impératrice, un coin moderne qui n'a servi
que pour le p. br., il est de mauvaise
fabrique.

Cornelia supera. — On connaît beaucoup de
surmoulés fait sur des vraies antiques.

Posthume.— En or médaillon, il y a un C. M.

Julia Donata. — Toutes ses médailles sont
fausses.

L'Ollien. **Aelien.** Les médailles de ces tyrans sont
fausses.

Victorina.—Les médailles de cette princese
sont fausses.

Cyriade. **Maorien père.** Les médailles de ces tyrans
sont fausses.

Quietus.— Ses médailles d'or sont fausses.

Ingenuus. **Balista.** Les médailles de ces tyrans sont
fausses.

Régallien. — Ses médailles d'argent sont
fausses.

Dryantilla.—Les médailles de cette impératrice sont fausses.

Valens.
Piso Frugi.
Alex. Æmilien.
Saturninus 1er. } Les médailles de ces tyrans
Trebellien.   sont fausses.
Celsus.
Aureolus.
Cesorinus.

Odénathus.— Les médailles de ce prince sont
fausses.

Maeonius. — Les médailles de ce prince sont
fausses.

Firmus.
Bonosus. } Les médailles de ces tyrans
Saturninus II.   sont fausses.
Proculus.

Numérien.— En argent quinaire. On connaît
un coin anc.

Carin. — En argent quinaire. On connaît un
coin anc.

Magna urbica. — Ses médailles arg. mod.
ord. sont fausses.

Nigrinien. — On connaît un coin moderne de

moyen br. portant au revers la légende :
Consécration. Aigle. Cuivre rouge et de
mauvaise fabrication.

Nigrinien. — Plusieurs coins mod. qui ont
servi pour l'or et pour l'argant.

Eutropia.
Amandus. Les médailles de ces tyrans sont
Ælianus. fausses.
Achileus.

Domitius Domitianus. — On connaît un coin
mod. de mauvaise fabr, qui a servi pour
le moy. br.

Héléna. — Je connais deux coin anc. qui ont
servi pour le pet. br. *Héléna Augusta*, sa
tête à droite, ʀ. *Soli. Invicto. Comiti.* le
soleil radié.

Héléna. — *Héléna aug.* sa tête à droite, ʀ. *Imp.
Constantinus*, p. f. aug. Tête de Constan-
tin. Cuivre rouge, belle fabrique.

Théodora. — Ses médailles d'argent mod. ord.
sont fausses.

Maxence. — Ses médailles d'or, avec le titre
de : *Princ. juvent.* sont fausses.

Romulus. — Ses médailles d'argent quinaire, sont fausses.

Constantia.—Les médailles de cette princesse sont fausses.

Valens. — *Imp. c. aur. vol.* Valens. Tête laurée de Valerius Valens. ʀ. *Jovi conservatori Auggg.* Pet. br. faux.

Martinien. — En argent, coin mod. Il y a aussi un coin anc. de pet. br., portant au revers la légende : *Jovi conservatori.*

Fausta. — En or, médaillon, faux. En argent plusieurs coins mod.

Crispus.—Ses médailles d'argent sont fausses.

Hannibalien. — En or, médaille fausse.

Saturninus III.— En petit br. Méd. fausse.

Nonius. — Je connais un coin ancien de fabrique barbare, il a servi pour le p. br.

Desiderius.— Les médailles de ce prince sont fausses.

Constantina. — Les médailles de cette princesse sont fausses.

Sylvanus. — Les médailles de ce tyran sont fausses.

Helena. — *Fl. Helena Augusta*, sa tête, ʀ. *Se-curita reipublicæ, exergue s. m. r.* On connaît de ce revers un coin mod. qui a servi pour l'or.

Severa.
Justina.
Dominica.
Constantia.

} Les médailles de ces quatre princesses sont fausses.

Jovin.— On connaît plusieurs coins anc. qui ont servi pour le petit bronze.

Joannes. — Il existe un coin moderne qui a servi pour l'argent. Il porte au revers : *Victoria augg.*

Romulus Augustulus.—On connaît plusieurs coins anc. de fabrique grossière, qui ont servi pour l'or.

Euphemia, Justini, uxor. — Les médailles de cette princesse sont fausses.

Baduila.— En argent quinaire. On connaît un coin anc. de ce module.

Théodebert. — Ses médailles d'argent sont fausses.

Zoé. — Les médailles de cette princesse sont fausses.

GRANDS BRONZES.

Sortant de coins anciens et modernes.

Jules César.—Sa tête à droite, ʀ. *Veni, vidi, vici*, dans une couronne, coin anc. qui a servi pour le grand bronze.

Jules César. — Sa tête à droite. Instruments de sacrifice. Gr. br. de coin anc.

Auguste.— *Cesar August. pont. max. tribunic. pot.* Tête d'Auguste couronnée par la victoire, ʀ. *M. Salvius. Otho. III. vir. a a a. f. f. s. c.* Beaucoup de surmoulés de cette médaille gr. br.

Livie.— Le médaillon d'or, offrant l'effigie de la Piété, et ayant au revers : *Vesta*, est de coin moderne.

Tibere —*Rom. et Aug.* autel de lion. On connaît de ce grand bronze, plusieurs coins anciens et modernes et beaucoup de surmoulés.

Caligula. — *Agrippina, Drusilla, Julia s. c.* trois femmes debout. On connaît de ce gr. br. plusieurs coins anciens et mod. et beaucoup de surmoulés.   5.

Caligula.—*Divo Augusto. s. c.* trois figures sa-
crifiant devant un temple.On connaît de
cette médaille gr̃. br. plusieurs coins
mod. et beaucoup de surmoulés.

Claude. — De German. Trophée. On connaît
un coin ancien de gr. br. de ce revers.

Britannicus. — T. *Claudius Cæsar. Aug. f.
Britannicus.* Tête nue à droite. R. S C.
Mars passant.Beaucoup de surmoulés de
cette médaille de gr. br.

Néron. — *Port. ost. Augusti*, *Roma, décursio,
adlocut coh. s. c.* Arc de triomphe. Tous
ces revers de gr. br. ont des coins anc.
et modernes.

Galba. — *Adlocutio, liberalitas restituta, ex ob.
civ. servatos. s.c.* Mars passant. Tous ces
revers de gr. br. ont des coins anciens
et modernes.

Vitellius. — *L. Vitel, censor II, pax Augusti,
sc, urbem restitutans.*Tous ces revers de
gr. br. ont des coins anc. et mod. et
beaucoup de surmoulés.

Vespasien.— *Judea capta, Judea devicta, Roma*

resurgens, tous ces revers de gr. br. ont des coins anc. et mod. et beaucoup de surmoulés.

Titus.— *Judea capta*, *divo Aug. s. p. q. r. Roma s. c.* Tous ces revers de g. br. ont des coins anc. et mod. et des surmoulés.

Domitien.—*Cos.XIIII. lud. sæc. fec.* (plusieurs variétés), *Germania capta, Jud. capt, s. c.* Tous ces revers de gr. br. ont des coins anc. et mod. et des surmoulés.

MÉDAILLONS DE BRONZE

Sortant de coins anciens et modernes.

Vespasien. — S. C. L'empereur dans un quadrige. Coin moderne.

Titus. — *Equitas Augusti.* L'Équité debout. Coin ancien.

Domitien. — S. C. L'empereur debout, couronné par la Victoire. Coin ancien.

Trajan. — Trp. Cos. IIII P. P. Mercure debout avec ses attributs. Coin ancien.

Trajan. — *Adventus Aug. S. P. Q. R. opt.*

principi. L'empereur à cheval et quatre figures. Coin Moderne.

Adrien. — Cos. II , P. P. Cybèle traînée par quatre lions. Coin ancien.

Adrien. — Cos. III , P. P. S. C. Galère ; sur la voile on lit : *Felicitati Aug.* Coin anc.

Adrien. — Cos. III , Aigle , Paon , Chouette. Coin moderne.

Elius. Trib. pot. , Cos. II. S. C. Coin mod.

Antonin. — *Aurelius. Cesar Aug. Pii.* Tète nue de M. Aurel. Coin anc.

M. Aurel. — *Temporum felicitas.* Hercule debout , portant un trophée , sur un char traîné par quatre centaures ayant chacun des attributs différents. Coin mod.

M. Aurèle. — Imp. VIII , Cos. III. Victoire assise sur des armes , ayant un bouclier sur ses genoux , et devant elle un trophée. Coin moderne.

L. Verus. — Trp. VIII. Imp. IIII. Cos. III. L'empereur à cheval , suivi de deux soldats ; sous le cheval un ennemi terrassé. Coin moderne.

Indépendamment des coins ci-avant désignés, il existe quantité de surmoulés, or, argent et bronze, faits sur des médailles originales ; on en rencontre beaucoup des têtes suivantes :

Britannicus, Othon, Vitellius, Matidie, Marciane, Plotine, Domitie, Domitille, Annius Verus, Galère Antonin, Pertinax, Did. Julien, Pescennius Niger, Albin, Annia Faustina, Uranius Antoninus, Paulina, les deux gordiens d'Afrique, Tranquilline, Emilien, Cornelia Supera, etc.

Beaucoup de petits bronzes de la plupart des trente tyrans n'existent pas authentiques.

SUPPLÉMENT.

On peut encore reconnaître une médaille fausse par le procédé suivant :

Vous nettoyez la médaille que vous soupçonnez avec du vinaigre blanc , afin d'enlever les corps gras qui y sont adhérents ; ensuite faites usage du procédé indiqué sous le n° 3. Si la médaille se patine de suite , c'est une preuve qu'elle est authentique ; si, au contraire, la patine reste longtemps à prendre , c'est un signe indubitable qu'elle est fausse. Ce moyen est infaillible.

FIN.

TABLE.

—

FIN DE LA TABLE.

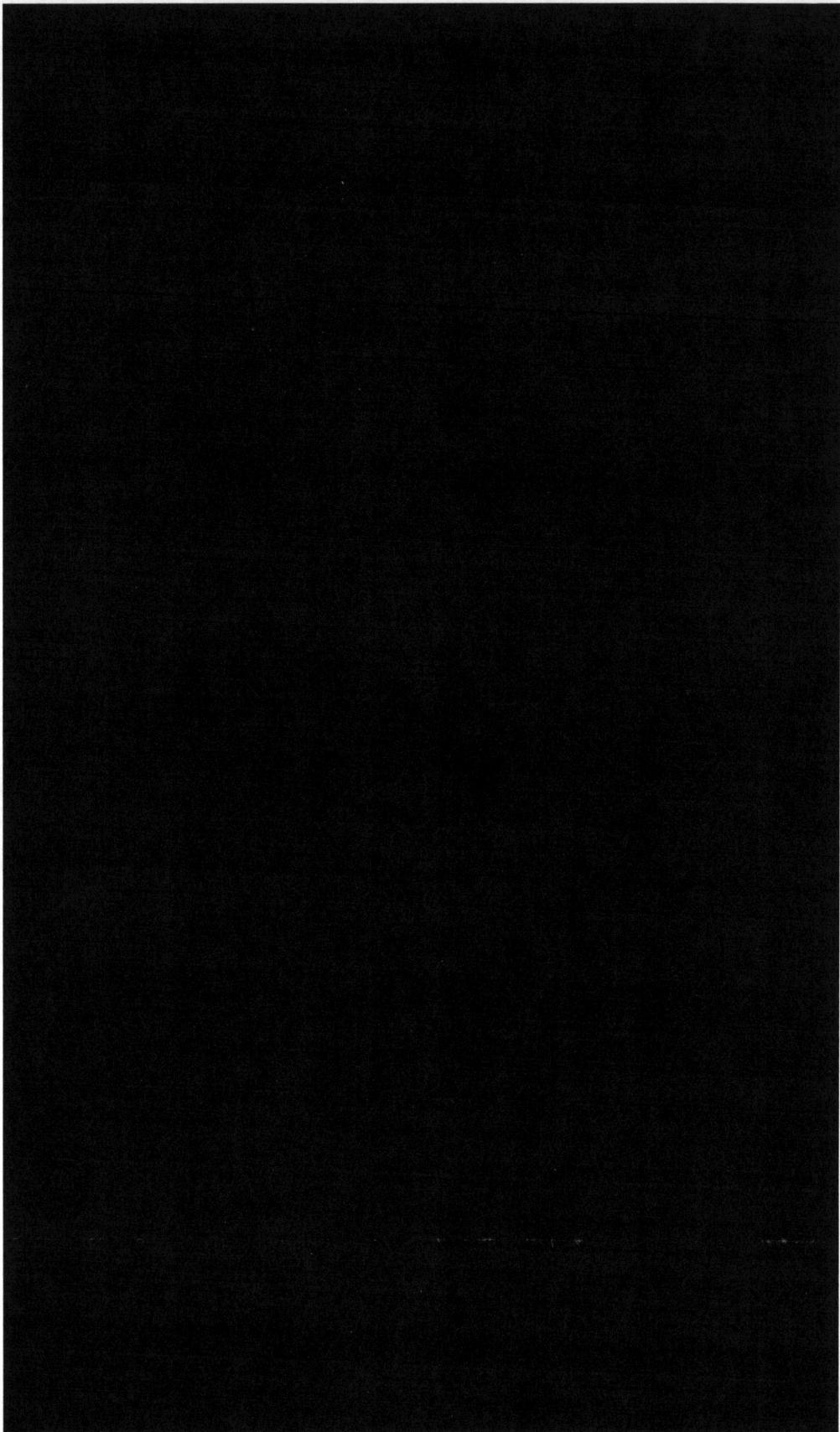